AF338640

ÉCLAIRCISSEMENS HISTORIQUES

SUR

LA CONSPIRATION

DU

GÉNÉRAL MALET.

IMPRIMERIE DE PROSPER DONDEY-DUPRÉ,

SUCCESSEUR DE SON PÈRE,

Rue Saint-Louis, N° 46, au Marais.

ÉCLAIRCISSEMENS HISTORIQUES

SUR

LA CONSPIRATION

DU

GÉNÉRAL MALET,

EN OCTOBRE 1812;

Par M. Saulnier,

ANCIEN SECRÉTAIRE-GÉNÉRAL DU MINISTERE DE LA POLICE, ANCIEN DÉPUTÉ.

PARIS.

LIBRAIRIE ORIENTALE DE PROSPER DONDEY-DUPRÉ,

Rue Richelieu, n° 47 *bis*,

ET RUE SAINT-LOUIS, N° 46, AU MARAIS.

—

1834.

ÉCLAIRCISSEMENS HISTORIQUES.

SUR

LA CONSPIRATION

DU

GÉNÉRAL MALET.

Plusieurs écrits sur la conspiration du général Malet, qui éclata le 23 octobre 1812, ont paru. Il semble inutile alors d'ajouter à ce nombre, mais je dois faire observer que ces relations, rédigées dans des intérêts divers, ont besoin d'éclaircissemens ; on ne vit d'abord dans cette fatale entreprise que l'audace insensée d'un soldat sans nom, osant lutter contre la puissance presque fabuleuse de l'Empereur. Il est vrai que l'on connaissait à peine notre désastreuse retraite de Russie. Le conseil des ministres, dans les anxiétés de cette double crise, craignant d'enhardir de plus heureux imitateurs d'un si funeste exemple, avait caché, autant qu'il l'avait pu, le but des conjurés, le rétablissement de la république.

Entraîné par la plus énivrante ambition et par sa haine implacable contre l'Empereur, le général Malet, dédaignant le péril personnel auquel il s'exposait et malgré ses préoccupations de tous genres, sut néanmoins choisir le point vulnérable de son puissant ennemi. N'ignorant pas qu'il ne pouvait réussir qu'en trompant la garnison de

Paris, il ne désespéra pas d'abuser de
jeunes soldats, la plupart arrachés vio--
lemment à leurs foyers.

Le général avait d'ailleurs des qualités
sans lesquelles un conspirateur, même
habile, réussit rarement, une grande
inflexibilité de caractère et une intrépidité à toute épreuve.

Le général était d'une taille élevée,
son regard avait habituellement une
sombre expression. Né en Franche-
Comté et appartenant à une famille
honorable, le général servit dans les
mousquetaires jusqu'à la suppression
de ce corps. Resté oisif pendant long-
tems, il vit avec enthousiasme le grand
événement de 1789, et partit en 1792
pour la défense des frontières. Son avan-

cement fut rapide, malgré une morosité qui le portait à presque tout blâmer.

Pendant le règne de la terreur, le général eut le malheur de se passionner pour cette épouvantable anarchie. Voulait-il en faire revivre les sanglantes doctrines en 1812? c'est un secret qu'il a emporté avec lui dans la tombe.

Républicain ardent, le général Malet désapprouva hautement l'élévation du général Bonaparte au consulat. Il fut cependant employé pendant quelque tems dans l'intérieur. Envoyé ensuite à Rome, il en fut rappelé à cause de sa mésintelligence avec le gouverneur-général.

Le général sentit vivement sa disgrâce, et dès ce moment il chercha l'occasion de s'en venger; il crut même l'avoir trouvée dans la guerre malheureuse que nous soutenions en Espagne contre tout un peuple ; comme elle compliquait déjà notre situation intérieure, cette guerre parut au général favoriser ses projets. Il s'associa alors à d'anciens anarchistes. Des réunions dans lesquelles des propositions violentes furent adoptées avaient lieu chaque jour, mais chaque jour dans une maison différente. Trahi cependant par un des conjurés, le général fut arrêté ; il le fut seul : on ne fit aucune recherche sérieuse des autres agitateurs, on fit encore moins des poursuites judiciaires.

Le ministre servit cependant l'Empereur comme il voulait l'être dans cette circonstance. Napoléon répugnait en

effet de faire poursuivre, par les voies
légales, les prévenus de délits politiques, s'il n'y était contraint par un danger imminent et l'éclat de l'attentat; il
préférait, pour les réprimer, l'arbitraire
de sa police, malgré les inconvéniens si
graves d'un pouvoir sans limites. Mais
la publicité de débats politiques, dont
les divers partis, si difficilement com-
primés, pouvaient s'emparer au détri-
ment de sa dictature, ne convenait pas
à ses vues. Il redoutait surtout que, par
la révélation de ces machinations, l'Eu-
rope le crût mal affermi et secondât
les agitateurs de l'intérieur, plutôt que
de recourir aux armes : rarement l'Empereur s'est écarté de cette direction
politique.

Quoique détenu à la Force, le général Malet ne renonça pas à ses desseins,
mais il eut l'imprudence de les confier
au papier. Dans un écrit qui fut saisi,
il cherchait à prouver la possibilité de
renverser le gouvernement, si l'on savait profiter de conjonctures malheu-
reuses; c'est ce même projet qui fut si
près de son entière exécution en 1812.
Le ministre de la police le jugea toutefois
sans importance : il ne put croire à l'in-
fluence d'un général sans gloire écla-
tante, sur des soldats dévoués; d'ailleurs, à cette époque, l'horizon politique
était à peu près serein. On ne désespé-
rait pas encore de triompher de la guerre
d'Espagne, mais cet espoir dura peu;
nous fûmes bientôt cruellement punis de

la violation de l'indépendance de ce pays.

L'Empereur, instruit par son ministre de la saisie de l'écrit du général Malet, et des vues qu'il renfermait, ordonna que son auteur serait désormais détenu dans une prison d'état : Napoléon fut ainsi moins confiant que son ministre de la police. Mais, soit oubli ou intérêt pour le général, cette décision ne fut point exécutée.

Lorsque l'Empereur porta la guerre en Russie, le général Malet, plein de confiance dans le climat destructeur de ce pays, si l'on y faisait une campagne d'hiver, ne douta pas que Napoléon ne succombât dans cette lutte, malgré l'audacieuse habileté de ses dispositions militaires.

Pour réaliser ses projets quand il le voudrait, le général Malet feignit d'avoir besoin d'un air plus pur que celui de la Force. Le ministre de la police, cédant à ses instances, l'envoya dans une maison de santé où étaient déjà MM. de Polignac, de Puyvert et l'abbé Lafon, ancien agitateur du midi. On doit croire que ces ennemis de Napoléon, rapprochés du général par la sympathie d'un malheur commun, applaudirent à ses desseins, car il leur importait peu par qui le gouvernement fût renversé. L'abbé Lafon fut le seul, toutefois, qui prît une part active à la conspiration. MM. de Polignac, craignant de risquer une seconde fois leur vie, furent envoyés, sur leur demande, dans

une autre maison de santé, où ils at-
tendirent l'événement sans se compro-
mettre.

Les nouvelles reçues de loin en loin,
de l'armée, rendaient plus probable la
réussite de la conspiration; on avait à
peine la certitude de l'existence de l'Empereur. Le ministère savait seulement
que notre armée, après de sanglans
triomphes, fuyait en désordre, accablée
tout à la fois par un froid de plus de
vingt-cinq degrés et les horreurs de la
faim.

Ces calamités étaient encore peu con-
nues, lorsque Paris, si résigné jusque-
là, témoigna son mécontentement sur
l'anéantissement de son commerce, dans
plusieurs réunions de négocians et dans

divers salons de la haute banque. Alors
des hommes puissans, dominés par une
excessive terreur, pressèrent vivement
la police d'agir contre ceux qu'ils appelaient des pertubateurs; mais elle eut le
bon esprit de ne pas s'irriter de plaintes
trop légitimes et surtout de ne pas en
augmenter l'amertume par d'impru-
dentes recherches; car il n'était que
trop constant qu'un grand nombre d'a-
teliers étaient fermés, malgré les im-
puissans secours du gouvernement, et
que l'on avait dès lors à redouter une
population sans travail; elle ne se porta
toutefois à aucun désordre.

Cette désespérante situation était encore aggravée par l'inscription, dans les
bureaux de charité, de plus de quatre-

vingt mille indigens, auxquels il fallait donner des secours de toute nature, malgré l'insuffisance des ressources. Dans le même tems, le ministère sut que l'on cherchait à agiter l'ouest et le midi; des agens anglais y circulaient mystérieusement et y étaient protégés par des hommes influens du pays. Quant aux autres départemens, ils ne différaient guère de l'état de détresse de Paris. Telle était alors la situation fort peu rassurante de l'intérieur.

Un autre objet, non moins grave, de la douloureuse sollicitude du ministère, était la crainte d'un soulèvement en Allemagne contre les débris de notre armée. Depuis long-tems ce pays s'y préparait, et nous avions tout à redouter de son profond ressentiment, tant notre joug lui était odieux.

Des sociétés secrètes, organisées dans ce but, embrassaient toutes les classes par des liens presque invisibles, et cette immensité de conjurés attendaient impatiemment l'heure de la vengeance; ils se réunirent enfin à la coalition et ne furent pas les moins cruels quand ils furent sur notre territoire.

Le général Malet, aisément informé dans sa maison de santé de ce concours de calamités, s'empressa d'en profiter, et quoique chargé de cinquante-huit ans, il ne craignit pas d'attaquer de front un gouvernement, renommé jusque-là pour la force de son organisa-tion.

Dans cette vue le général Malet s'é-
chappa avec l'abbé Lafon de sa maison
de santé, vers dix heures du soir de la
journée du 22 octobre 1812, n'ayant
pour moyen de séduction que douze
francs et les déceptions imaginées pour
tromper la garnison.

Le général se rendit d'abord chez un
moine espagnol qu'il avait connu à la
Force, et s'y revêtit de son habit d'offi-
cier-général, apporté la veille par sa
femme. Il ne put toutefois commencer
ses opérations qu'après minuit, à cause
des torrens de pluie qui inondaient
alors Paris. Aussi les conjurés n'arrivè-
rent-ils à leur destination que vers six
heures du matin.

Cet incident nuisit beaucoup au ra-

pide développement de la conspiration.
Si les conjurés eussent pu, au contraire,
exécuter leurs projets durant la nuit,
ils sortaient probablement vainqueurs
d'une lutte, si inégale en apparence.
Ils avaient en effet résolu de briser,
d'un seul coup, l'action du gouvernement par la mort des ministres, mais
ils n'osèrent commettre ce crime pendant le jour.

Le général Malet, pour donner plus
de poids à ses assertions, dit dans ses
allocutions aux soldats que d'autres généraux le secondaient, entre autres les
généraux Guidal, Lahorie et Lamothe;
ce dernier cependant était entièrement
étranger à la conspiration. Mais le général Malet crut utile de le faire repré-

senter par un de ses auxiliaires. Le général proclama ensuite dans la caserne où il était, et fit proclamer, dans les autres casernes, de faux décrets du sénat annonçant la mort de l'Empereur, l'abolition de son gouvernement et l'institution d'une commission de gouvernement, composée de MM. Mathieu de Montmorency, Siéyès, Alexis de Noailles, Destutt de Tracy, Garat et l'abbé Grégoire. Certes, ce n'était pas sérieusement que le général avait fait un tel amalgame; il avait cru sans doute se concilier ainsi les divers partis de cette époque.

Malgré d'aussi brusques changemens dans le gouvernement, les déceptions du général eurent néanmoins un plein

succès, à peine lui fit-on quelques ob-
servations.

Désormais rassuré sur son entreprise,
le général se rendit à la Force, suivi d'un
bataillon, et y mit en liberté les généraux Guidal, Lahorie et quelques autres prisonniers. Il nomma de suite le
général Lahorie ministre de la police;
le préfet de police était déjà remplacé
par un des conjurés. Après un court et
secret entretien, ces généraux partirent
avec des détachemens pour les destina-
tions convenues entre eux.

Dans l'espoir d'associer à la conspiration le général Hullin, commandant la
division militaire de Paris, le général
Malet vint lui en faire la proposition.
Sa négociation ayant échoué, il frappa

à l'instant le général Hullin d'un coup de pistolet. Croyant l'avoir tué, le général fut aussitôt chez les adjudans supérieurs de la place dans le but aussi de les séduire. Il eut d'abord un long entretien avec l'adjudant commandant Doucet, durant lequel survint l'adjudant Laborde. Cet officier, à qui le général proposa aussi de le seconder, s'y étant refusé, allait être puni de son opposition, lorsqu'il s'aperçut, par le reflet d'une glace, que le général s'armait d'un pistolet. A l'instant ces adjudans se précipitèrent sur lui, et avec l'aide de trois soldats de planton, accourus à leur cris, le général fut désarmé.

La conspiration perdant son chef n'é-

tait plus à craindre, si elle n'était rani-
mée par les généraux Guidal et Lahorie;
mais ils manquèrent heureusement de
résolution. Le général Guidal, après
avoir conduit le duc de Rovigo à la
Force, fut se cacher chez un ancien
ami qui le trahit le jour même. Quant
au général Lahorie, il fut au-dessous
du conjuré le plus vulgaire, et ne fit
jouer aucun des ressorts de l'adminis-
tration de la police dans l'intérêt de la
conspiration; il fut même d'une telle
incurie qu'il ignorait ce qui se passait
autour de lui et ne s'occupait que de
frivolités. On a peine à comprendre cet
inconcevable abandon dans une si péril-
leuse situation, et quand on jouait sa vie.

Ces généraux, animés cependant

d'une haine furieuse contre l'Empereur, avaient saisi avec transport l'occasion de se venger. Les ressentimens du général Lahorie étaient anciens et profonds. Arbitrairement détenu depuis le procès du général Moreau, ce général venait enfin d'obtenir sa liberté. Il allait partir pour les États-Unis, lorsque, par une coïncidence fatale, le général Malet le prit pour un de ses auxiliaires.

L'énergique concours du général Guidal paraissait aussi bien acquis à la conspiration, car il n'ignorait pas que, sous peu de jours, il serait traduit devant une commission militaire, comme prévenu d'intelligence avec des agens anglais et des agitateurs du Midi.

Ne logeant pas au ministère de la police, le secrétaire particulier du ministre vint me trouver vers huit heures du matin du 23 octobre 1812, mais il était dans un tel désordre moral, que c'est seulement quelque tems après son arrivée qu'il put m'apprendre l'arrestation du duc de Rovigo par les généraux Guidal et Lahorie, à la tête d'un détachement. Ces généraux avaient dit agir au nom du sénat et d'après les ordres du général en chef Malet, l'Empereur étant mort et son gouvernement aboli. Quoique menacé de mort, s'il se défendait, le duc de Rovigo lutta courageusement contre ces généraux. Mais vainement voulut-il les désabuser ainsi que les soldats, il fut conduit à la

Force par le général Guidal. D'autres conjurés avaient déjà arrêté M. le baron Pasquier, préfet de police, et M. Desmarets, chef de division au ministère de la police.

Cette conspiration eût vraisemblablement été comprimée à sa naissance, si un agent envoyé par le préfet de police, quoiqu'il fût déjà prisonnier des conjurés, eût pu prévenir le ministre, qui était encore libre en ce moment, de l'envahissement de la préfecture de police par les rebelles. Mais l'huissier de service ne permit pas à cet agent de parler au ministre ou à son secrétaire; il assurait qu'il lui était interdit d'interrompre leur sommeil.

Ne sachant si M. l'archichancelier

Cambacérès, président du conseil des
ministres en l'absence de l'impératrice,
était instruit de cette grave perturba-
tion, je fus m'en assurer; il l'ignorait,
et quoiqu'il dût être familiarisé avec les
orages politiques, le récit que je lui en
fit l'émut profondément.

Empressé d'avoir des renseignemens,
je me rendis chez le général Hullin, qui
peut-être avait pu agir contre les rebelles. J'appris, en entrant dans son hôtel,
qu'il venait d'être frappé d'un coup de
pistolet par le général Malet, pour lui
avoir refusé son concours dans la conspiration. J'insistais toutefois pour voir
le général; mais souffrant beaucoup, il
put à peine articuler quelques mots in-
cohérens.

Comme j'espérais plus d'informations des adjudans supérieurs de la place, je me présentai à leur hôtel, mais sans succès; des soldats en défendaient l'entrée. Je retournai alors chez M. l'archichancelier pour prendre ses ordres.

En entrant dans son salon, je m'aperçus bientôt d'un heureux changement dans le moral de M. l'archichancelier; il venait d'apprendre de l'adjudant Laborde l'arrestation du général Malet, aussi les traces de sa profonde émotion étaient à peu près disparues. Comme on ne s'entretenait que de la conspiration, des courtisans, accourus sur le bruit que le danger était passé, se moquaient de ce qu'ils appelaient les dispositions insensées du général Malet, qu'ils ne connaissaient pas, et félicitaient cependant M. l'archichancelier sur son admirable présence d'esprit dans cette crise.

Au risque, toutefois, de troubler la joie si expansive et si flatteuse de ces courtisans, je leur dis que tant que nous ne serions pas maîtres des trois généraux, il n'y avait rien à conclure raisonnablement sur la fin de cette rébellion. L'air sombre et soucieux succéda rapidement à cette turbulence joyeuse. On se parla à l'oreille et l'on médita probablement une prudente retraite, dût-on même laisser seul M. l'archichancelier. Mais plus empressé de savoir si le prétendu ministre de la police, le général Lahorie, avait pris quelques mesures dans l'intérêt de la conspiration que de con-

naître la fin de cette comédie, je me
rendis au ministère de la police avec
l'adjudant Laborde; nous y arrivâmes
sans obstacle, quoique les avenues du
cabinet du général fussent gardées par
de nombreux soldats.

Le général Lahorie nous reçut avec
une grande aisance de manières; il s'in-
forma de l'objet de notre visite : je lui
appris l'arrestation du général Malet
qu'il ignorait. Il en ressentit une si vive
douleur, qu'il ne fit aucun appel à sa
garde et ne répondit plus à nos questions. Nous laissâmes le général au ministère et nous le consignâmes à des
gendarmes de planton. Avant de nous
retirer, le détachement de garde fut
renvoyé à sa caserne, sans opposition.

Certes, je n'espérais pas une soumission aussi peu contestée.

En quittant le ministère de la police pour aller à la Force y délivrer le ministre et le préfet de police, nous aperçûmes, en traversant la place de Grève, un bataillon de ligne qui y était stationné. Je demandai au commandant quelle était sa destination, il me répondit que le général en chef Malet lui avait confié la garde de l'Hôtel-de-Ville et du gouvernement provisoire, qui bientôt devait s'y réunir, l'Empereur étant mort et son gouvernement aboli. Je dis à cet officier que le général Malet l'avait trompé, qu'il était arrêté en ce moment comme chef de rebelles. Mais cet officier, qui avait été nommé général quelques heures auparavant par le général Malet, ne me crut pas et résista, malgré mes instances, à toutes les injonctions de retourner à sa caserne. Il est toutefois probable que ce que je lui avais dit avait troublé son esprit, car il ne me fit pas arrêter, quoiqu'à ses yeux je dusse être un imposteur. Certes, cet opiniâtre commandant, mieux instruit de ce qui se passait, pouvait donner une vie nouvelle à la conspiration, par la délivrance des généraux arrêtés, et l'on n'avait alors à lui opposer qu'un petit nombre de grenadiers à cheval de la garde, quelques gendarmes d'élite, la plupart hors de service, et des vétérans que le général Malet avait dédaigné d'employer.

Le comte Frochot, préfet de la Seine, apprenant que j'étais à l'Hôtel-de-Ville, vint m'y trouver. En m'abordant, il me dit avec la plus vive émotion : l'Empereur est donc mort ! Il avait cru aux faux actes du sénat, et déjà exécuté divers ordres du général Malet ; il attendait enfin la commission du gouvernement provisoire pour l'installer. Je rassurai ce magistrat plus que je ne l'étais, car depuis vingt-cinq jours le ministère était sans nouvelles directes de l'Empereur. Je lui fis d'ailleurs observer que l'Empereur, fût-il mort, son fils vivait. « Votre remarque est trop juste, s'écriat-il, cette prétendue mort avait égaré mon esprit. »

Après cet entretien, j'allai à la Force

avec l'adjudant Laborde. Nous y fûmes introduits sans difficulté, quoique cette prison fût gardée en dehors et en dedans par des soldats rebelles. Sur ma demande, le concierge nous remit le ministre et le préfet de police, dont cependant il ne devait se dessaisir, ainsi que le commandant du poste, sans un ordre du général Malet. J'appris, depuis, qu'ils crurent que c'était une translation dans une autre prison que l'on effectuait.

Nous rentrâmes au ministère de la police vers midi. La conspiration avait échoué sur tous les points, lorsqu'un incident renouvela un instant nos inquiétudes. M. le baron Pasquier n'avait pu rentrer à sa préfecture; les soldats qui, le matin, l'avaient conduit à la Force, l'ayant reconnu lorsqu'il se présenta, le mirent en joue et il put à peine se réfugier dans une maison voisine. L'adjudant Laborde, envoyé pour faire cesser ce désordre, fut lui-même arrêté par ces rebelles et conduit à l'état-major général dont ils croyaient maître le général Malet. Mais l'adjudant, bientôt libre, revint à la préfecture, et renvoya cette fois, sans opposition, ce détachement à sa caserne.

Cet incident prouve de nouveau combien le général Malet pouvait déjà compter sur ces soldats, s'il eût été efficacement secondé par les généraux Guidal et Lahorie.

Comme on ignorait si la conspiration

embrassait dans ses réseaux d'autres villes importantes, le ministre voulut s'éclairer à cet égard, en interrogeant les principaux prévenus en présence des conseillers-d'état attachés à son ministère.

Le général Malet, que le ministre interrogea d'abord, se reconnut pour l'auteur de la conspiration, et ne désavoua pas une proclamation manuscrite, au nom de la liberté et de l'égalité. Par cet écrit le général notifiait aux troupes et aux citoyens la mort de l'Empereur et l'abolition de son gouvernement; il déclarait aussi qu'il accordait une haute-paie d'un franc et une bouteille de vin à chaque soldat tant qu'il serait extraordinairement employé. Le général s'étant abstenu de nommer ses complices et de donner aucun éclaircissement, le ministre fit comparaître le général Lahorie.

Interrogé sur sa complicité avec le général Malet, le général répondit qu'isolé dans sa prison, prêt à partir pour les États-Unis, il ne se fût pas exposé à perdre encore la liberté, la vie peut-être, si, confiant dans les assertions du général Malet, justifiées à ses yeux par les mouvemens des troupes de la garnison, il n'eût cru à la mort de l'Empereur et à l'abolition de son gouvernement par le sénat, et être appelé à un autre 18 brumaire.

Craignant toutefois de n'avoir pas produit sur le ministre l'effet qu'il dé-

sirait ; le général Lahorie chercha à ré-
veiller dans son cœur l'amitié qui jadis
les unissait ; elle n'y était pas éteinte.
Ce ne fut pas sans émotion que le ministre apprit que le général lui avait
sauvé la vie en l'envoyant à la Force,
au lieu de le tuer, comme il en avait
l'ordre du général Malet. Le ministre,
en reconnaissant ce service, reprocha au
général Lahorie sa persistance dans la
conspiration, malgré son empressement
à l'éclairer sur les déceptions du général Malet.

Le général Guidal, qui comparut ensuite, répondit d'abord en souriant aux
premières questions, quoiqu'il eût menacé le ministre de son épée, s'il se
défendait, et l'eût conduit à la Force.

La sécurité du général venait de ce que, depuis, il avait abandonné la conspiration. Mais s'apercevant, par d'autres questions, que le ministre ne lui tenait aucun compte de cet abandon, de poignantes angoisses contractèrent à l'instant ses traits. Le général dit cependant pour sa défense qu'il avait favorisé l'évasion du ministre en le conduisant à la Force, mais qu'il avait été contraint par les soldats d'escorte de le déposer dans cette prison. Le ministre convint d'apparentes dispositions de fuite faites par le général, mais elles n'avaient rien de réelles, car il n'avait pas remarqué cette prétendue résistance de l'escorte.

Cet interrogatoire terminé, les généraux et quelques autres prévenus passèrent la nuit au ministère de la police et comparurent le lendemain devant la commission militaire.

Comme je traversais la salle où dînait le général Malet, le général se plaignit de l'enlèvement de son couteau par le gendarme de garde; je le lui fis rendre à l'instant, il parut touché de ma confiance.

Je profitai de cette occasion pour lui demander quelques détails sur la conspiration, car il avait été d'un laconisme désespérant dans son interrogatoire. J'exprimai alors mes doutes au général sur le succès de sa hasardeuse entreprise, par la difficulté de rallier beaucoup de partisans à la république,

rendue si odieuse par un sanglant essai.
Le général me dit : » J'avais déjà pour
moi les régimens que j'avais soulevés.
Bientôt seraient accourus ceux qui,
fatigués du joug de Napoléon, voulaient
un nouvel ordre de choses; d'ailleurs,
pour en finir avec ses partisans et donner aux miens une garantie de mes ré-
solutions, j'aurais fait fusiller Napoléon
à Mayence; car vainqueur ou vaincu,
je ne doutai pas de la précipitation de
son retour en apprenant la conspiration, qui, au surplus, n'a échoué que
par la lâcheté des généraux Guidal et
Lahorie.

» J'avais aussi résolu, pour surmonter
toute difficulté, de réunir cinquante
mille hommes à Châlons-sur-Marne

pour couvrir Paris de ce côté. Le moment de crise passé, j'aurais renvoyé
ces conscrits dans leurs foyers, selon
l'engagement que j'avais pris. J'y aurais été d'autant plus fidèle, que cette
promesse a déterminé, plus que tout le
reste, les régimens à me suivre. »

Je terminai cet entretien en deman-
dant au général pourquoi il n'était pas
entré dans ces détails dans son interrogatoire; il me répondit qu'il n'avait
pas voulu donner cette satisfaction au
duc de Rovigo.

Lorsque les prévenus comparurent
devant la commission militaire, le général Malet dédaigna de s'y justifier. Il
dit seulement que ses complices n'a-
vaient été que les jouets de ses décep-

tions, et que celui qui s'est constitué le vengeur de son pays n'a pas besoin de se défendre ; il triomphe, ou il meurt.

Les généraux Guidal et Lahorie reproduisirent inutilement le même système de défense qu'au ministère de la police. Le général Lahorie y ajouta qu'il n'avait pris le titre de ministre de la police que pour sauver la vie au duc de Rovigo.

Quant aux autres prévenus, presque tous officiers, ils dirent en vain qu'ils n'avaient été que d'aveugles instrumens dans les mains de leurs chefs.

La commission militaire prononça de nombreuses condamnations à mort, et confondit ainsi le séducteur avec ses victimes. Certes, ce sang versé sans ménagement préparait bien mal les esprits à la connaissance de nos désastres.

Les généraux et les autres condamnés qui, tant de fois, bravèrent la mort sur le champ de bataille, montrèrent la même intrépidité au moment fatal, quelques-uns aux cris de Vive l'Empereur! d'autres en plus petit nombre, aux cris de Vive la république!

C'est à l'occasion de ces immolations qu'à son retour de Russie, l'Empereur dit à M. l'archichancelier : « Qu'avez-vous fait du sang de mes soldats, si légèrement, si imprudemment versé? ne vous avais-je pas autorisé à suspendre l'exécution de condamnation à mort? Je sais que vous l'avez fait à l'égard du colonel Rabb; mais cela ne suffisait pas,

les chefs seuls du complot devaient
périr.

L'Empereur apprit cette conspiration
pendant sa retraite de Russie, dans le
moment où il n'avait plus d'armée. Il
l'appela un malheur honteux, et quoiqu'il en fût profondément affecté, il
n'en parlait qu'avec dédain ou une sombre gaîté. Il résolut alors de revenir à
Paris, contre le sentiment de quelques-
uns de ses généraux ; mais l'Empereur
ne changea pas d'opinion, malgré cette
espèce d'opposition si nouvelle pour
lui.

Lorsque ce sinistre événement fut
bien connu, il eut un lugubre retentis-
sement dans l'intérieur ; l'Empereur en

eut bientôt d'irrécusables preuves. Des intrigues politiques surgirent en effet simultanément de Paris, Lyon, Marseille, Bordeaux, Montauban, Toulouse; le but était le même, le rappel de l'ancienne dynastie. L'Empereur, pressé d'agir contre les chefs de ces intrigues, dont quelques-uns étaient à sa cour, s'y refusa constamment. C'est à la victoire, dit-il, à résoudre la difficulté, puisque l'on en fait une question de dynastie.

Lorsque la coalition connut la journée du 23 octobre et les dispositions de quelques villes du midi, elle redoubla d'efforts et accéléra sa marche, certaine qu'elle était d'être secondée par nos ennemis de l'intérieur et par quelques-uns des rois qui devaient leur couronne à Napoléon; car, lorsque la fortune cessa de lui sourire, ces rois ne lui furent pas plus fidèles que la victoire.

FIN.